gritos en el monte

Rudy Calderón

Bloomington, IN   Milton Keynes, UK

AuthorHouse™
1663 Liberty Drive, Suite 200
Bloomington, IN 47403
www.authorhouse.com
Phone: 1-800-839-8640

AuthorHouse™ UK Ltd.
500 Avebury Boulevard
Central Milton Keynes, MK9 2BE
www.authorhouse.co.uk
Phone: 08001974150

Publicado por primera vez por AuthorHouse 3/26/2007

ISBN: 978-1-4259-9287-3 (sc)

Biblioteca del Congreso Número Reguladora: 2007900674

Impreso en los Estados Unidos De América
Bloomington, IN

Este libro se imprimida en papel libre de ácidos.

Dedicación

Dedico este libro a cada uno de los lectores que choquen y conecten con estos versos que los he tirado al viento para que tú los estés deteniendo en este momento. También, dedico estos versos a *El Duende*, relación que ha sido uno de amor y odio a la misma vez. Por último, brindo este poemario a lo tragicómico de la vida, quien sin esta contradicción viciosa no hubiera tenido el placer de pelear en las entrañas de la muerte y haber ingresado al puesto de poeta. Los budistas dicen que la vida es sufrir. Yo sostengo que la vida *es*. Nunca se olviden que cada oración verdadera, termina en un verbo.

Tabla de contenidos

Gritos en el monte

¡Gritos en el monte
porque he regresado del
estado de la naturaleza!
¡El contrato social me
enseño pura falsedad!

¡Grito hoy y siempre
la canción de mi niñez!

¡Grito al ave que
se le hace tarde llegar
a mi almohada!

¡Grito, mis manos
llenas de puños de lo que pide de
Quetzalcóatl! ¡No hubieras
prometido regresar
malvado!

¡Grito por lo que Montezuma
se equivocó! Murió siego
de las riquezas antiguas.

¡Grito al padre que no
tiene misericordia
y mejor ha cortejado
al hedonismo!

¡Grito a la hormiga
que no me presta su atención!

¡Grito a la puerta que no se
abre cuando la jalo, aun
si dice que se empuje!

¡Grito a José Alfredo
quien me grita por ser marinero!
¿Qué culpa tengo yo que no has
plantado raíces? Recuerda, eres poeta.
¡Cumple con el contrato!

¡Grito hacia Martí
quien me enseñó
a cultivar pero lo dejé porque ya
no aumentó! ¿Tal vez le tuvo
temor al nuevo siglo?

¡Grito al quinto sol
al quien le estoy sacrificando
mi alma cada segundo!
Es muy temeroso pensar
que venga la oscuridad.

¡Grito a La Malinche
por traidora y por quien
me llaman, "¡Hijo de
La Chingada!" Me vendiste
por cinco monedas, díselo
a Martín.

¡Grito a Dulcinea
por ser muda cuando
me encuentro peleando
en las entrañas de la muerte!
Has como si fuiste real.

¡Grito a Iturbide
por su egoísmo y
por su semejanza a Machiavelli,
pero aplaudo su final!

¡Grito a la musa
que me saca de la cama a las tres
de la mañana para
ponerme a sufrir!

¡Grito a mis pies
que me dirigen hacia
el comercio sin
pedirme permiso!

¡Grito al amor que
jamás fue mi amigo,
sólo me hizo llorar!

¡Grito con dolor y riza
al quien me tira ortigas!

¡Grito sin motivo,
por lo cual es motivo!

¡Grito a las personas
sensibles, navegan al
fondo de la cebolla!

¡Grito a mi ropa,
que me tapa mi
estado natural!

¡Grito hasta reventar
las venas de mi ayer,
corriente con pasión
sin igual y que desboca
en mi bello Apatzingán!

¡Grito con mi rostro
mirando hacia Méjico
y con mi mano derecha
en mi pecho, con lágrimas
por mi destierro! Un día
volveré a ti.

¡Grito hacia el tiempo
que me ha robado mi lozanía,
sólo los jóvenes
traen una sonrisa!

¡Grito por la falta de
bosques en mi aldea,
¡qué vida tan cómica es esta
celda de concreto!

¡Grito porque he tenido
el privilegio de heredar
buenos pulmones de Ana María,
¡ángel encarnada!

¡Grito y subo a los cielos
a pelear con Zeus y Dionysus, ellos se
someten al ver mis ojos, los golpeo con
una hoja de papel!

¡Grito con mi pena que ha sido
buena compañera, y cuando enseñó
la cara la felicidad,
mi amiga me abrazó
más fuerte!

¡Grito infinito, que se
oye hasta las esquinas
de los cosmos. Galileo y
Capernicus se postran
de rodillas!

¡Grito a los profesores que
hacen todo, mas que profesar!
¡Resígnense y sometan
esa carta cucarachas
blancas!

¡Gritos en el monte,
el llenar los pulmones
de lo que es bueno! Ya no cojo
el pulque de la
sociedad.

¡Grito que llega a su
final y ha sido mudo,
mas ha quedado el
alfabeto temblando!

Después...

abro los ojos.

El silencio me dominó

ayer lloró la bella
joven por un amor
fracasado...
La miré y

...el silencio me dominó.

ayer el niño lloró de la
falta de un padre y una madre...
Lo miré y

...el silencio me dominó.

ayer me contó el joven
de las preguntas ubicuas
que le tenía al mundo...
Lo miré y

...el silencio me dominó.

ayer la esposa de un
comerciante me contó de
los engaños de su cónyuge...
La miré y

...el silencio me dominó.

ayer la niñita de Guatemala
exclamó que fue de mí,
por quien murió...
La miré con intensidad y

...el silencio, por siempre, tuvo compañía.

8 de junio del 2006

Méjico, lloro por ti

Méjico, lloro por ti.
Caminando por estas calles de Guadalajara,
me hace intranquilamente reír.

Méjico, lloro por ti.
Los saludos auténticos
me hacen lamentar a esos.

Méjico, lloro por ti.
En el aeropuerto *Miguel Hidalgo*,
Hidalgo regocija en
este encuentro.

Méjico, lloro por ti.
¡El hecho de no escribir con acento,
me hace arrojar el tiempo!

Méjico, lloro por ti.
Vivo un infarto *aquí*.
Ven hacia mí, para
por un segundo...

vivir.

20 de mayo del 2006

Nací yo en pobreza...

Nací yo en pobreza, y
en pobreza quiero morir.

Mi empiezo, como todos,
me recuerdo, mas sí
entendí los pesares de
madre y padre.
Relación que como
la muchedumbre bailaron
con la Indiferencia.
Uno de ellos fue como
Iturbide.

Nací yo en pobreza, y
en pobreza quiero morir.

El mundo me maldijo
con un alma de poeta,
sensible a las traiciones
de mis vidas anteriores.

"¡No fue mi culpa!"
exclamo yo.

"¡Quién pues te preguntó!"
me grita ese ángel!"

Cayado caminé, ya que no
tuve respuesta.

Nací en pobreza, y
en pobreza quiero morir.
Sólo pido sentir la electricidad
de tu mano.

20 de noviembre del 2006

¿Te digo un secreto?

¿Te digo un secreto?

El pecado es egoísmo.
Y el egoísmo lo lleva a uno
al infierno.
Para eliminar el egoísmo,
hay que servir al prójimo.

El ayudar, limpia
los pecados. Y bueno,
por la vista de los pecados,
hay mucho que hacer.
Anda y vive tu vida
como ese verbo.

Tu vida es luz que
navega entre oscuridad.
Uno de ellos vence al otro.
Cuando se apaga, se apaga todo,
mas eso no.

25 de noviembre del 2006

La vergüenza

La vergüenza de un oficio
malo ante el rostro de Dios.
Que termine eso hoy,
y ve en paz y amor
mi hermana.

No tengas más temor.
Cierra los ojos y
dame un abrazo.

Me despertó la águila

Me despertó la águila
por la aurora.

En su pecho tenía un
espejo donde reflexionaba
mi rostro. Miré y vi el rostro de
un anciano, ojos llenos de ríos
y cabello de color de
sabiduría.

En sus alas miré lo bueno
y malo de mi vida. Más
grande fue una de ellas.

En sus ojos, miré a mis
nietos y bisnietos. Ellos
sosteniendo, agotados, y
reconocidos por mis hechos.

En sus uñas, mugre y
pulquerías que jamás necesitaba,
golpeado mi espíritu por ellas.

Me despertó la águila
por la aurora.

31 de julio del 2006

La herida mortal

Me corneó el toro...
la herida mortal...

...nunca lo vi.

Aire libre.
Mirando hacia la pradera,
llenándome de tiempos de alegría

...nunca lo vi.

Día celeste.
Sonriendo con la mariposa que
me enseñaba sus alas de diosa,
¡Creí que era mi ángel Guardián!

...nunca lo vi.

Intocable de los pesares
de la sociedad, caminando
con la naturaleza.
¡Jamás fui mejor estudiante!

...nunca lo vi.

Si pudiese cambiar los
acontecimientos, jamás lo digo.
Hoy vuelo con alas de
querubín viviendo en el
momento como ese día
de mi Fin.

Me conreó el toro...
la herida mortal...

...nunca lo vi.

Canto al Onacihc

De tanto que me
jalaron los dos,
se me rompieron los
brazos como a
Tupac Amaru.

No alegué, se las
regalé, ya que eso
era el remedio.

Sólo quedó… caminar.
No me pude afeitar
de todos los complejos
depositados por la cultura
dominante. Pero después,
me respetaron más.

Mucho luché inútilmente
para ser como ellos,
arreglando y modificando
el hablar y vestir como
Benjamín Franklin lo hizo.
Y lo único que fue
necesario fue
…SER.

Ama a tu sangre híbrida,
cursa estudios en simplicidad,
arroja todo pensamiento maligno
y serás ángel incarnado/a.

Acaricia a tu madre
ya que no sabes cuando
Dios la necesite.

Préstale una sonrisa
al mozo/a pequeño/a
que te mira con
inspiración por tener
el mismo pigmento.

Llámale al sol, sol
y al pecado, pecado.
Y no te mientas a ti
mismo/a que eso
derrumba el Canto,
porque este Canto se
sostiene y viene su
ocaso por medio de
esas acciones.

Si tus padres, por acciones
ignorantes se encuentran en
jaulas, visítalos y traerles
noticias que dan vida porque
si no da vida, la jaula
se va encogiendo.

¡Onacihc, lo al revés de Chicano!
¡Déjenme saber que lo que he
dicho no ha sido en vano!

¡Onacihc, lo al revés de Chicano!
¡Déjenme saber que lo que he
dicho no ha sido en vano!

¡Onacihc, lo al revés de Chicano!
¡Déjenme saber que lo que he
dicho no ha sido en vano!

Universidad, brotadora

Universidad, brotadora de lágrimas
de lo que nunca volverá a ser.

Mujer, cuyo viaje
a un dormitorio dio placer
al encontrar la independencia
y dependencia. ¡qué conversaciones
de indiferencia!

Un cuarto, miles de posibilidades
que anotaron sueños hedonísticos
y globalizadores.

El amor vino y voló
como el zopilote quien
se divierte hasta que
llega la escasez.

Universidad, brotadora
de recuerdos que recurrentemente
llegarán, y de los que
siempre riegan mi
crepúsculo y alba.

En el rezuro de la aurora

En el rezuro de la aurora,
corrió el líquido claro por una geografía
con ríos por dentro.

El cerrar de los ojos
y el encuentro con Babilonia,
imperio con la tierra
y Irak como su escudo.

El tocar de estas regiones,
cuya temperatura
se opone con el inverno.
Ellos, destinados a bailar
en algodón y otros textiles.

Cuarto claro, con espacio
para limpiar las pesadillas,
recordando a esa quien
en un día fue vital, pero hoy
sólo hay el caminar
para atrás.

6 de diciembre del 2006

Si se juntasen

Si se juntasen Dostoyevski
y ese presidente, no
sabrían que hacer.

El primero, sufrido al empezar.
Siberia llenando su mente por
lo que sintió calor.

El otro, cucharas de
plata en Tejas.

El primero, ataques
en la mente.

El otro, ataques de
auto-suficiencia.

Si se juntasen Dostoyevski
y ese presidente, no
sabrían que hacer.

5 de mayo del 2006

Si...

Si lloras, yo lloro.

Si sonrías, yo sonrío.

Si luchas, yo lucho.

Si mueres, yo muero.

Si estremeces en tu creer,
te abandono.

5 de mayo del 2006

¿Por qué muere temprano el poeta?

¿Por qué muere temprano el poeta?
Este oficio es como tomar
líquido de veneno, porque
lo apresura al pozo.

¿Por qué tanto analizar,
si sólo queda el agonizar?
Preguntas malvadas que
sólo ellas tienen
la respuesta.

Me ingresé a ser poeta
cuando ya los libros
no me podían enseñar algo.
Salieron versos, palabras
que me sonaban como arena en el océano.
En mi poesía, he peleado con tinta y papel.
Los dos se aprovecharon de mí.
La musa no me ayudó,
sólo me dirigía sin
meter la mano.

¿Por qué muere temprano el poeta?
Por eso.

Me dicen

Me dicen que mantenga
buena forma. Me río al ver a
esas almas bailando
con el Dragón.

Es cómico al ver a vidas
unidas, pero la casa bacía.

Me dicen que mantenga reverencia.
Les contesto, "¡A este inconformista
díganle lo opuesto!"

Siempre… me dicen.

Y *sólo* me río.

20 de mayo del 2006

Te doy...

Te doy mi vida,
si me das tu alma.

Te doy mi sonrisa,
si me dices tus temores.

Te doy mi alma,
si prometes entrar con calma.

Te doy mi inspiración,
si prometes no ser una traición.

Te doy mi vida que es una
declaración de condiciones.

20 de mayo del 2006

Suspiro del corazón

Mi corazón he
repartido a cada lector
que me ha compadecido.

Yo tengo ansias de soñar un
sueño descansador.

Los años de treinta
he vivido más que muchos de setenta.

Mi corazón he regalado
a toda el desdichado.
Una flor le he ofrecido
a cada niño/a
con mis ojos.

Me han abrazado
las montañas como
hacen los abuelos en el primer día
de escuela a sus nietos. Ellas
han entendido mi canción.

Mi corazón, sin razón, ha suspirado
al unirse con el bosque,
casa verdadera entre los pinos
y alturas del poniente.

8 de abril del 2006

Quiero vivir

Quiero vivir para siempre
pa' ver a mis ojos.
Los dos sabemos
la verdad.

...Pero no duele el imaginar.

Vengo de un lejos ayer

Vengo de un lejos ayer.
Aprendo y reprendo,
el juego y el miedo.

No sorprende nada.
Feliz cuando camino por ciudades
clandestinas, lugares que conocen mis otras vidas,
vidas taciturnas que caen en la calle
donde no hay retorno.

Vengo de un lejos ayer.
Cosmopolitano en el metropolitano.
Cuando en ranchos escondidos vivo,
no hay mejor belleza.
Entre más llego al tiempo mío,
más maldigo mi
existencia.

8 de junio del 2006

Soy pedagogo

Soy pedagogo de mí,
siempre notando mal
comportamiento.

La plaga ha sido la sociedad.
Los ojos malandrines que
fijan sus ojos fuera del salón.

La plaga ha sido la ociosidad.
Prefiriendo *eso* a la palabra,
apresurado en vez
de haberle nombrado
ocupado.

La plaga ha sido mis deseos, la más grande
plaga que esclavizó mi ser. Cadenas
invisibles en mi mente fueron
peor que aquellos en Egipto.

Soy pedagogo de nadie.
Ni puedo con una hormiga.
¡Qué ironía!

31 de julio del 2006

¿Romántico yo?

¿Romántico yo?
¡Jamás!

¡Callen ya de tonterías,
eso requiere idealismo!

Hoy, sólo salgo y alabo al
sol en plena calle, porque
lo que alabé antes
no trajo frutos.

Atum-Re me entiende.

Americano soy

Soy de este continente,
o sea soy de América...

¡Americano!

¡Tira ya ese punto de vista
tan parroquial e ignorante!

Ellos no sólo
tienen un monopolio
sobre esta palabra.

¡Por qué
escribir si sólo
es una palabra!

Pero bueno, ¡hay que
jalar la carpeta debajo de sus pies!
Eso enseña que lo hemos
contemplado.

¡Americano!

El contrato

Whitman dijo a los
36 años que ya empezaba su vida.
Yo, al contrario, la voy terminando.
Entiendo a Andrés El
Gigante. Él supo su contrato,
y yo entiendo el mío.

La noche es fría, mi amiga

La noche es fría, mi amiga.
Pelear con Dios y con el Diablo
me quita la vida.

¿Cómo descifrar
de tantos disfraces?
Tendré el escudo de
misericordia para
enseñar amor.

La noche es fría, mi amiga.
El alba no tiene remedio para el
artritis mental que se expanda hasta
la punta.

La noche es fría, mi amiga.
Pelear con Dios y con el Diablo
me quita la vida.

La noche es triste

La noche es triste.
Triste es la vida del cometa y del humano.
Humano, ¡qué palabra! Significa
"enterrar". ¿Qué entierra a voz?

Cada noche me entierro
en sueños traicionadores
a la virtud. Pero cada noche,
y poco a poco, va ganando
la consciencia.

La fruta prohibida

La fruta prohibida,
el entrar y salir.
Movimiento que
rompe mis deseos.
Jamás podré ser budista.
No... no se puede decir nunca, nunca.
Esta fruta me desampara
en cada mirar.

Siento porque soy,
escena bacía retratos y vistas que jamás
serán, que jamás tocaré.

La fruta de mi corazón,
fruta de hiel en la resulta del encuentro.
Melón se convierte
en lágrimas del limón.

Pintura

Pintura blanca fui
en mi empiezo.

Pintura de arco iris
al pensar en Iris.

Pintura negra fui
antes de ese último rezo.

Ave, llora

Ave, llora como
el rocío en el invierno.
Lágrimas cuyo dolor
se nota en cada paso frágil.
Su atracción viene del
fondo de Babilonia.
Hoy, Hammurabi no busca este amor.
Él entume todo vicio.

Ave, llora por esos.

16 de noviembre 2006

Tinta y papel

Tinta y papel,
papel y tinta.
Se me está acabando
la cinta.

Papel y tinta,
¿quién me quitará
las lagañas para ver?

Papel,
cosa grande como la aurora.
Protección has sido,
como el ghetto para
los Judíos.

Tinta,
me encantas porque
no sólo yo lloro llantos
que son catárticos para
El Duende, mas el
dolor viene por
consiguiente.

Soy necio

Soy necio al seguir
la rutina de la sociedad.
¡Otro sonámbulo! ¡No, no
puedo jugar ese papel!
La lluvia me persigue
con una muchedumbre para
apagar la lumbre.

Por ser necio,
pagaré ese precio.

Por ser necio,
¡que venga la muerte recio!

Por ser necio,
le doy sin que quiera
a mi enemigo un beso.

El apóstol Pedro,
me comprende tres veces.

8 de abril del 2006

Te quiero por...

Te quiero por dulce.
¡Qué pulquerías!

Te quiero por tus selvas.
¡Traen lo natural!

Te quiero por tus ojos.
¡Vista de águila siempre!

Te quiero por picoza.
¡Ceviche y tacos en El Zapote!

Te quiero por aire libre.
¡Volando por Apatzingán cada día!

20 de mayo del 2006

Mil ríos

Mil ríos clandestinos
se reúnen en mi alma.
Golpes nítidos que se nutren
de mis células intranquilas.

Cada uno se arrepiente al
mirar mi rostro, pero jamás se regresan a
darme lo que me han quitado.

Sólo me quedo riendo.
Desde ahí, no me acerco a
un río porque sé que las
aguas hablan volúmenes y las
corrientes corren al ritmo
del comercio.

Hoy me fui

Hoy me fui de la
rutina de la vida.
Saludé a Júpiter
y alegué con Pluto
porque empezó controversia
en la tierra. No entendió
las leyes.

Cometas me pasaron
por los lados pero
ninguno tocó mi ser.
Transparente, ellos.

Hoy me fui de la
mendacidad del comercio.
Como vagabundo, recorrí
la pradera de mi infancia,
ya no más ¡cámara chuki!
sino sonrisas de primaveras
con Samara.

Hoy me fui de los placeres hedonísticos.
Pase seis meses con Aquinas y Agustín,
los dos egoístas en su sabiduría. Les
gané, conociendo que no había más
que contribuir al viento.

País de edificios

País de edificios
salen en este país
como el césped en
los estadios atléticos.
El subir para arriba
dice mucho de la
falta de auto-estima.

País de edificios, el caer deja
ver lo que hay por dentro…

niebla.

Lo material es superficial,
el amor se cae sobre el océano,
la sonrisa de un niño es …

cultivación.

8 de mayo del 2006

Llámame abuelo

Llámame abuelo,
para entender el crepúsculo.

Llámame abuelo,
para descifrar la belleza.

Llámame abuelo,
para atraer la sabiduría.

Llámame abuelo, para sentir que mi
vida no ha sido de oquis.

Llámame abuelo, para por fin
poder amar el presente.

Llámame abuelo, para tener más
paz en mi llorar.

Llámame abuelo,

...si quieres.

En Vista

En Vista,
me llegó la vista.
Cinco pies, seis pulgadas
o sea un metro y tanto.
Por su amabilidad
puse a un lado
el ayer.

Esencia, inocente
en su platicar.
Con vigor, latió
con propósito
este motor.
Me sentí, al recorrer su faz,
perderme en
el presente.
¡Qué locura!

Se me fue en
Oxnard, mas
jamás se irá
de la ciudad de
este corazón.

¿Por qué?

¿Por qué moriste Martí?
El desafío fue tu compatriota.

¿Por qué moriste Neruda?
Muy egoísta y algo más ...ista
fue tu vida.

¿Por qué moriste Paz?
Pero tú sí adivinaste
el laberinto.

¿Por qué moriste Bécquer?
Aléjate de tu hermano y
del naufragio de tus
poemas.

¿Por qué moriste Sor Juana?
Hembra jaló su pelo pero,
por eso, es la que yo
quiero amar.

¿Por qué?

20 de mayo del 2006

Denme una legua

Denme una legua de alegría
para tener una razón de
creer en el rosal.

El lugar donde empecé mi vida
ha sido gran inspiración.
Lo demás, una estilla.

El lugar inspirador y demasiado
lejos ha sido la razón.
Por ella, abrí los ojos.

Denme una legua de alegría
para tener una razón de creer
en el rosal.

20 de mayo del 2006

San Diego

San Diego,
a donde viniste a
caer Juan Diego.
De la hermosura
que tú viste
belleza, sin
igual, hoy miro.

San Diego,
lugar que obligabas a
cantar Juan Diego.
Ella regocija
en sus versos hacia
tierra no muy lejana.

San Diego,
Broadway me brindó
la mano a la izquierda y
derecha de la bahía. Fue mi
punta de referencia.

3 de agosto del 2006

El vivir

El vivir es estar
en el presente,
atento al segundo.

Vidas muertas al vivir
hundidas en el ayer o
en el más allá.

Vivir es sonreír
al ver el alba o la
penumbra.

Vivir es sentir el rocío
al empezar la rutina, sin verla
como una rutina.

Vidas muertas, perdidas
en el abismo del Materialismo,
¡lombrices sin ojos!

Vivir es llorar por la pérdida de
los trabajadores sonámbulos,
pensando en años muy lejanos que
no se sabe si se realizarán.

Vivir es bailar con corazones y
con la faz en alto
hacia el alma.

31 de julio del 2006

¡Grita!

¡Grita tus pasiones!
¡Grita tus locuras!
¡Grita porque eso
da algo y pasa el tiempo
como lo dijo Beckett en
su absurdidad!

15 de diciembre del 2006

Mi fiel amiga

Dócil y bella negra,
tus años se enseñan
en tu boca.
Mi negra, quien me
ama por las noches
cuando tomo copas
del olvido.

Ella calienta a mi cuerpo.
Me hace sentir entre todo la palmera.
Da motivo para Auto-actualizar.
Satisface las necesidades básicas.

¡Mi dulce flor!

15 de diciembre del 2006

Lloro

Lloro por la noches
del hablar sobre el metro y la rima. Me dices
que es fundamental para un poema.
¿Qué importancia tienen?

¡Mis profesores me golpean
con el "iambic pentameter"
y con lo pretérito de mis verbos!

¡Lloro lágrimas ardientes por
todo mi regazo, cuando me hablas del
progreso científico!

20 de mayo del 2006

Niños y Niñas

Niños y niñas,
vengan vosotros hacia la felicidad.
Llénense los labios
de palabras bellas
que agradezcan a Dios
y que no insulten sus almas.
Da a tu prójimo
para sentir paz
en tu niebla.

Niños y niñas,
los tiempos del egoísmo
ya son superfluo.
Echen por sus espaldas
la roca de ignorancia.

Niños y niñas,
alcen sus almas
hacia el sol quien te sonríe.
Crezcan en sus virtudes y den
fruto a la posteridad.

Niños y niñas,
quítense el abrigo de inferioridad.
Mejor hoy, para salir a
admirar el árbol de
aguacate.

Sobre el autor

Rudy Calderón nació en el metrópolis de Los Ángeles CA en 1974 de padres mejicanos, quienes vinieron a los EE.UU. para realizar el sueño americano. Asistió a la secundaria de El Camino Junior High School y después a Santa María High School en Santa María, CA. Cursó estudios en Allan Hancock College, titulándose en ciencias sociales antes de trasladarse a Bakersfield, CA. En California State University Bakersfield terminó la licenciatura en Historia (*cum laude*) donde también se le otorgó membresía en *Phi Alpha Theta*, un club para los quienes han sobresalido académicamente en dicha materia. También, ha recibido las siguientes becas William C. Adam (1999) y Hispanic Excellence Scholarship (2001). Al regresar a Santa María, cursó estudios y completó la maestría en pedagogía y la credencial para enseñar en las escuelas públicas de California. Hoy en día, es profesor de historia en la secundaria donde realiza el importante trabajo de educar a la próxima generación. Como dice Calderón, "Deseo dejar este mundo un poco mejor de cuando empezé en 1974; si eso logro, entonces he vivido una gran vida." Para más información, visite a los siguientes sitios- www.uni-vurs.com y www.authorhouse.com.